Caribe:
amor y muerte

Mónica Hagedorn Castro-Peláez

Caribe: amor y muerte

Ernst Klett Sprachen
Stuttgart

1. Auflage 1 10 9 8 7 6 | 2026 25 24 23 22

Internetadresse: www.klett-sprachen.de

Zeichnungen: Bartolomé Seguí

Redaktion: Marcelo Rodríguez
Layoutkonzeption: Andreas Drabarek
Gestaltung und Satz: Satzkasten, Stuttgart
Umschlaggestaltung: Andreas Drabarek
Titelbild: Bartolomé Seguí
Druck und Bindung: Elanders GmbH, Waiblingen

Printed in Germany
ISBN 978-3-12-607012-6

El índice

Vorwort

Liebe Leserin, lieber Leser,

doña Carmen macht zum ersten Mal in ihrem Leben eine Kreuzfahrt in der Karibik. Es beginnt eine kurze Romanze … mit tragischem Ende.

Die Hauptpersonen dieser Geschichte sind:

Doña Carmen Segura
Junggebliebene Witwe. Sie lebt alleine mit ihrem Hund Fifí in Madrid und macht nun eine Kreuzfahrt. Liebe, Glück und tödliche Gefahr werden ihre Begleiter auf dem Schiff.

Juan Delgado Cardona
Charmanter Junggeselle. Er liebt Frauen.

Klaus Sonnenschein
Ruhiger, deutscher Archäologe. Er macht Urlaub in der Karibik.

Joe Louis und Linda Smith
Nettes nordamerikanisches Ehepaar. Kreuzfahrten gehören zu ihren Leidenschaften.

Junge Frau
Angestellte in der Wäscherei

Ort der Handlung:	Madrid, Kreuzfahrtschiff, die mexikanische Küste
Zeit der Handlung:	Sommer

Capítulo 1

–¡Cumpleaños feliz, cumpleaños feliz! ¡Te deseamos todos: cumpleaños feliz!

–¡Pero no os podéis quedar delante de la puerta! ¡Entrad, entrad! –dice doña Carmen.

–¡Feliz cumpleaños, mamá! –Carlos, su hijo, le da un gran ramo de rosas rojas y la abraza.

Todos entran en el piso de doña Carmen: Carlos, Pilar, su mujer, y los nietos, Javier y Jimena.

Fifí, la perrita de doña Carmen, salta y ladra contenta cuando ve a los niños.

–Abuela, abre el sobre que está entre las flores –dice Javier–. Es lo más importante.

–Sí –añade también Pilar.

Doña Carmen abre el sobre y da un pequeño grito de asombro.

–¡Un crucero por el Caribe! ¡Dios mío, qué alegría! –Tú siempre has soñado con un viaje en barco, mamá. Este es nuestro regalo de cumpleaños para ti.

–Sois una familia maravillosa –continúa doña Carmen con lágrimas en los ojos.

2 **¡Cumpleaños feliz!** *Happy Birthday To You!* | 7 **abraza** umarmt | 10 **salta y ladra contenta** springt und bellt fröhlich | 15 **pequeño grito de asombro** kleiner Überraschungsschrei | 16 **crucero** Kreuzfahrt | 16 **alegría** Freude | 20 **lágrimas** Tränen

Capítulo 2

Sol, música del Caribe, risas.

Por la mañana, muchos pasajeros hacen deporte en la cubierta: Unos jóvenes hacen *footing* y otros juegan al voleibol. Cerca de la piscina, unas quince personas hacen gimnasia.

–¡Un, dos, un, dos! –dice en voz alta una chica muy guapa–. ¡A ver… un, dos! ¡Vamos! ¡Arriba, abajo! ¡A la izquierda, a la derecha! … Bueno, es todo por hoy, gracias –dice la profesora–. Hasta mañana.

–Gracias a ti –dicen todos.

El barco es grande y doña Carmen tiene que caminar bastante hasta llegar a su camarote.

Se ducha, se cambia de ropa, se peina y va rápidamente a desayunar.

En el restaurante busca su mesa. Allí hay ya tres personas. Se sienta.

–Buenos días –dice el señor a su derecha.

–Buenos días –repite la pareja enfrente de ella.

–Hola, buenos días –contesta doña Carmen y se sirve un poco de agua.

–Quisiera presentarnos –continúa el señor que está sentado enfrente. Esta es mi señora Linda, y yo me llamo Joe Louis Smith, J. L. ("Jota Ele") para los amigos. Somos de Texas.

–Ah, encantada, y yo soy Carmen Segura, y madrileña.

–¿Cómo?, ¿de dónde?

–De Madrid, España.

–Ah, una ciudad maravillosa –dice el otro señor–. He estado muchas veces allí. Perdón, mi nombre es Klaus Sonnenschein.

---

3 **hacen deporte** treiben Sport | 3 **cubierta** Deck | 4 **footing** Jogging | 12 **camarote** Kabine | 13 **se cambia de ropa** | 13 **se peina** kämmt sich | 15 **Se sienta** setzt sich | 19 **se sirve** schenkt sich ein

–Mucho gusto –dicen todos.

–¿Es usted alemán? –pregunta doña Carmen.

–Sí –dice él–. Soy de Múnich.

–¿Es la primera vez que haces un crucero? –pregunta Linda y tutea directamente a doña Carmen.

–Sí, es un regalo de mi hijo.

–Nosotros hacemos un crucero todos los años, ¿verdad, *darling*?

–Sí, sí. Nos gustan mucho. La vida a bordo es muy agradable.

–¿Y usted…? –pregunta ella y mira al señor alemán.

–Klaus, simplemente Klaus. Yo viajo regularmente a México por mi trabajo, pero casi siempre en avión.

–¿Por trabajo?

–Sí, es que soy arqueólogo.

–¡Qué interesante!

–Pues sí. Mi trabajo es apasionante. Y las culturas precolombinas de México me interesan muchísimo.

–¡Ah, por eso hablas tan bien el español! Y, ¿vosotros? –pregunta y mira a los norteamericanos.

–En nuestro rancho en Texas tenemos muchos empleados mexicanos y es importante poder hablar con ellos en su idioma, ¿verdad, *darling*?

–Sí, sí –contesta J. L.–, ¿pero qué tal si comemos algo? El bufé es excelente.

Poco después todos desayunan. J. L. come huevos revueltos con tostadas. Linda prefiere huevos fritos con *bacon*. Klaus se ha servido un buen desayuno con pan, queso y embutido, macedonia de frutas, cereales y yogur. Doña Carmen ve un plato con magdalenas. Toma dos y le pide al camarero un café cortado.

---

5 **tutea** duzt | 16 **apasionante** begeisternd | 25 **huevos revueltos** Rührei | 27 **embutido** Wurst | 27 **macedonia de frutas** Obstsalat

–¿No desayunas más? –pregunta Linda, curiosa.

–No, ahora por la mañana no me apetece más. A lo mejor más tarde. No estoy acostumbrada a desayunar tanto… –dice doña Carmen y mira asombrada los platos de Klaus.

En ese momento entra en el comedor un hombre alto, moreno, de ojos grandes y con sienes grises. Va despacio y se sienta en la mesa de al lado. "¡Qué guapo! ¡Qué ojos y… qué interesante!" –piensa doña Carmen.

Veinte minutos más tarde todos salen del restaurante. El hombre moreno de los ojos grandes los sigue con la mirada y observa a doña Carmen.

1 curiosa neugierig | 3 **no estoy acostumbrada** nicht gewohnt | 6 **con sienes grises** mit grauen Schläfen | 10 **mirada** Blick | 10 **observa** beobachtet

Capítulo 3

Hace sol y mucho calor. En cubierta, cerca de la piscina, están casi todas las tumbonas ocupadas. Doña Carmen se ha quedado dormida. Un ruido y una voz la despiertan.

–Perdón, señora… se le ha caído el libro …

Doña Carmen abre los ojos detrás de sus gafas de sol. Delante de ella está el hombre guapo del restaurante con el libro en la mano.

–Gracias –dice y toma el libro–, creo que me he dormido.

El hombre se sienta en la tumbona de al lado.

–Esto sí que es vida –dice–. Ah, me llamo Juan, Juan Delgado Cardona –se presenta y le sonríe.

–Y yo, Carmen Segura.

–Carmen, tú eres española, ¿verdad?

–Sí, de Madrid.

–… Y yo de Sevilla –continúa Juan.

–¡Qué casualidad! ¡Tú también eres español!

Doña Carmen está un poco nerviosa. Un hombre tan guapo… Pero la conversación con él es muy agradable.

–¡Qué calor hace!, ¿no? –dice Juan después de un rato–. Yo me voy al agua. ¿No quieres nadar un poco, Carmen?

–Sí, claro, vamos.

---

3 **tumbonas** Liegestühle | 3 **se ha quedado dormida** eingeschlafen | 4 **la despiertan** wecken sie auf | 5 **caído** heruntergefallen | 16 **¡Qué casualidad!** Was für ein Zufall! | 19 **después de un rato** nach einer Weile | 20 **nadar** schwimmen

Capítulo 4

"Hoy es la cena con el capitán", piensa doña Carmen. "¿Qué me pongo? No tengo nada adecuado. Creo que es mejor si me compro un vestido nuevo."

Poco después va al centro comercial del barco. Allí hay muchas tiendas de moda con marcas famosas. "¡Uy, qué precios!", piensa y entra en una tienda. La vendedora la saluda con una gran sonrisa.

–Buenos días, señora.

–Buenos días.

–¿Qué desea?

–Quería un vestido para esta noche, para la cena de gala con el capitán.

–Muy bien. Entonces, algo elegante, ¿verdad?

–Sí. Un vestido largo.

–¿Qué talla necesita?

–La 40 o la 42, depende.

–¿Y de qué color lo quiere?

–Negro.

–Aquí tiene este en la talla 42.

–Mmh… ¿Puedo probármelo?

–Sí, por supuesto. Allí está el probador.

En ese momento pasa delante de un espejo y ve a Klaus que está detrás de una columna y la mira. "¡Qué extraño!" –piensa–. Creo que me ha seguido… ¿Pero por qué?"

Poco después pregunta la vendedora:

–¿Qué tal le queda?

–¿Cómo? –responde doña Carmen algo distraída–. ¡Ah, sí! Este me queda muy bien. Me gusta.

–Sí, de verdad. Le queda muy bien.

---

7 **sonrisa** Lächeln | 22 **espejo** Spiegel | 23 **columna** Säule | 24 **seguido** verfolgt | 27 **distraída** unaufmerksam

–¿Cuánto cuesta?

–260 dólares.

–¡Uy, uy! –suspira–. ¡Pero es tan bonito…! Bueno, me lo llevo.

Doña Carmen paga con su tarjeta de crédito y sale rápido de la tienda. Quiere encontrar a Klaus. "Se ha ido. No entiendo por qué me sigue" –piensa extrañada. Doña Carmen baja las escaleras que conducen al área central del barco. En ese momento uno de los ascensores-panorama sube. Detrás de los cristales ve a Juan con una mujer joven. Los dos hablan y gesticulan mucho. Parece que discuten.

3 **suspira** seufzt | 6 **extrañada** verwundert | 8 **ascensores-panorama** Panoramaaufzüge

Menú de fiesta

Sopas y entradas
Sopa de pescado
Crema de elote
Crema de cacahuete
Cóctel de camarones
Mini burritos

Carnes y pescados
Mole a la Cozumel
Lomo a la Poblana
Pescado a la Veracruzana

Guarniciones
Arroz a la Mexicana
Frijoles refritos
Papas en salsa verde

Postres
Fresas con crema
Flan a la Mexicana
Cóctel de frutas tropicales

Suppen und Vorspeisen: Fischsuppe, Maissuppe, Erdnusssuppe, Garnelencocktail, mexikanische Weizenmehltortillas
Fleisch und Fisch: Hähnchen in feuriger Soße, Schweinelende mit Paprika und Mais in Tomatensoße, Fischfilet mit Chilischoten
Beilagen: Mexikanischer roter Reis, hausgemachtes Bohnenmus, gekochte Kartoffeln in scharfer grüner Chilisoße
Nachspeisen: Erdbeeren in Sahnecreme, Karamellpudding, tropischer Früchtecocktail

Capítulo 5

Son las 19:30. Como doña Carmen es la primera en llegar al restaurante tiene tiempo de observar a las otras personas. Cerca de la entrada ya está el hombre vestido de negro que siempre fuma puros. En ese momento entran los demás.

–Hola, buenas noches, Carmen –Juan la mira y sonríe–. Estás guapísima.

–Hola, Juan, gracias. ¿No quieres sentarte a nuestra mesa?

–Sí, claro, si los demás están de acuerdo.

–Sí, por supuesto –dice Joe Louis.

Durante la cena del capitán todos hablan y se ríen.

–¿Qué tal si vamos ahora al Piano Bar? –dice Linda.

–Buena idea –contesta doña Carmen.

–Y luego podemos ir al casino –añade Juan.

Doña Carmen y Juan entran en el Piano Bar y se sientan cerca de la pista de baile. Los demás toman asiento en otras mesitas.

–¿Qué tomas, Carmen?

–Pues… no sé.

–¿Me permites? Yo pido para los dos. Dos "margarita", por favor, y con mucho hielo –dice entonces al *barman*.

–¿Quieres algo para picar?

–No, gracias. No tengo hambre. La cena ha sido excelente.

–Pero unos cacahuetes y unos nachos…

–¿Nachos? ¿Qué son?

–Una especialidad mexicana. Son como patatas chips y las comes con guacamole.

–¿…con qué?

–…con guacamole –ríe Juan–. Es una crema hecha con aguacates.

---

5 **puros** Zigarren | 11 **(se) ríen** lachen | 20 **mucho hielo** viel Eis | 21 **algo para picar** eine Kleinigkeit zum Essen | 23 **cacahuetes** Erdnüsse | 28 **aguacates** Avocados

En el fondo del bar el pianista toca boleros muy, muy románticos. Doña Carmen está feliz.

–¿Bailamos?

–Oh, sí, Juan. Este bolero…, bueno, me trae muchos recuerdos.

Juan toma a Carmen del brazo y la lleva suavemente a la pista. La música es cada vez más lenta y más romántica. En una esquina oscura del Piano Bar está sentado el hombre del puro detrás de una nube de humo y observa con atención a la pareja que baila muy despacio. A su lado, Klaus escucha la música pensativo.

–Señoras, señores, y ahora hacemos una pausa y volvemos enseguida. "¡Qué pena!", piensa doña Carmen.

–Carmen, vamos al casino, ¿quieres?

–Sí, la noche es nuestra, Juan.

El hombre del puro ve salir a la pareja, termina su segundo whisky y les sigue al casino.

---

6 **esquina oscura** dunkle Ecke | 8 **nube de humo** Rauchwolke | 9 **pensativo** nachdenklich

Capítulo 6

–Soy un apasionado de la ruleta –dice Juan–, ¿y tú?

–No he jugado nunca en mi vida –responde doña Carmen.

–Pues, ven. Yo te enseño cómo se juega.

Alrededor de la mesa hay mucha gente que hace apuestas. Linda y J. L. también están. El señor del puro se acerca. Klaus es el único que se ha quedado en el Piano Bar.

–¿A qué número quieres apostar, Carmen? Yo pago. Ya he comprado las fichas.

–Mmh… Al 32, rojo.

–Rojo, como el amor –dice Juan y la mira–. Muy bien.

–No va más –dice el crupier.

La ruleta gira y gira y… se detiene en el 32. Doña Carmen no puede creerlo: ha ganado su número.

–Vamos a jugar otra vez –dice Juan–. ¡Tú tienes suerte, Carmen!

Carmen está feliz. La ruleta le ha gustado y ha ganado dos veces bastante dinero. Pero ahora quiere salir y tomar aire fresco.

Es una noche maravillosa de luna llena en el mar Caribe. Hablan y hablan en voz baja de su vida, de su pasado… Cada vez se sienten más cerca uno del otro.

Él la toma en sus brazos y se besan a la luz de la luna.

A unos pocos metros de la pareja se abre y se cierra sin ruido la puerta de la biblioteca.

---

5 **hace apuestas** Einsatz machen | 6 **se acerca** nähert sich | 8 **apostar** wetten | 9 **fichas** Jetons | 19 **luna llena** Vollmond | 22 **toma en sus brazos** nimmt in seine Arme | 22 **se besan** küssen sich | 23 **sin ruido** geräuschlos

Capítulo 7

–¿Cuándo podemos bajar a tierra? –pregunta un hombre joven a la chica del centro de información.

–En una hora, señor.

–¿Y dónde puedo alquilar un esnórquel?

–En la playa Corona, señor. Allí hay muchos centros para practicar este deporte.

–¿Y para bucear?

–También. En la costa tiene más de veinte sitios para practicar el buceo –continúa la chica con mucha paciencia–, además puede hacer esquí acuático y vela.

–¡Oh, qué bien! ¡Gracias!

–Buenos días –dice Klaus, que en ese momento se acerca con doña Carmen–. Yo también quisiera preguntar algo.

–Sí, señor –sonríe la chica.

–¿Cuándo sale la excursión para Tulúm?

–En poco más de media hora. Tienen que darse prisa. Es importante llegar antes que los otros turistas. Van más de 80 autobuses por día a las ruinas.

–¡Oh! –exclama doña Carmen.

–Ya vas a ver –dice Klaus–. Vale la pena ir. Son las ruinas más visitadas de la península de Yucatán. Son más pequeñas que Chichen Itzá pero… fantásticas.

–¿De verdad?

–Sí, sí. Además con el Caribe de fondo… –continúa Klaus entusiasmado–. ¿Pero no viene Juan con nosotros?

–No, lamentablemente no –suspira ella–. Se queda en la isla de Cozumel para jugar al golf. No le interesa la arqueología.

–¡Ajá! –dice Klaus y piensa: "Es mejor así".

---

5 **esnórquel** Schnorchel | 8 **bucear** tauchen | 11 **esquí acuático y vela** Wasserski und Segeln | 17 **darse prisa** sich beeilen | 21 **vale la pena** es lohnt sich | 22 **Chichen Itzá** *berühmte Ruinen der Mayakultur* | 25 **de fondo** im Hintergrund

Una hora más tarde los dos llegan a las ruinas.

–Mira, Carmen. Esta es la entrada original. Vamos a ver primero el Castillo, luego el Templo de los Frescos y al final el Templo del Dios Descendiente. ¿Vale?

–Sí, claro. Cuéntame un poco de los Mayas.

Mientras caminan en dirección al Castillo, Klaus habla de historia con mucho entusiasmo. Está muy contento de tener a doña Carmen sola para él.

Cuando vuelven…

–¿Te han gustado las ruinas, Carmen?

–Sí, muchísimo, Klaus. Y tú eres un excelente guía.

–Mira, nuestro autobús nos espera. Vamos.

–Espera, Klaus. Quisiera comprar unas postales para mi familia. ¿Vienes conmigo?

Klaus y doña Carmen pasan por un pequeño bar lleno de turistas antes de entrar en la tienda de *souvenirs*. De repente doña Carmen se detiene y mira a la gente sentada en las mesitas.

–¿Qué pasa, Carmen?

–Nada, nada –contesta ella.

Klaus mira en la misma dirección.

"¡Juan! Y no está solo. No lo entiendo. Pero si ha dicho que quiere jugar al golf… ¿Qué hace entonces aquí? ¡Y… esa es la joven del ascensor!"

–Por favor, Klaus, vamos –dice doña Carmen con voz temblorosa.

–¿Vas a comprar las postales?

–Sí, pero no aquí, Klaus. Vamos.

Doña Carmen no comprende lo que pasa. Los dos caminan sin decir nada. "Juan me ha mentido. ¿Por qué? En el barco tengo que hablar con él a solas", piensa.

---

2 **entrada original** ursprünglicher Eingang | 5 **cuéntame** erzähl mir | 11 **excelente guía** hervorragender Reiseführer | 24 **con voz temblorosa** mit zitternder Stimme | 29 **me ha mentido** hat mich angelogen | 30 **con él a solas** unter vier Augen

Capítulo 8

–Hoy ha sido un día fantástico, ¿verdad, *darling*? –dice Linda y mira a su marido–. J. L. ha buceado en el arrecife y yo he nadado con visor y esnórquel.

–¿Qué habéis visto? –pregunta amablemente doña Carmen, que no tiene muchas ganas de hablar.

–Muchos peces multicolores, impresionantes especies de coral y… dos tortugas enormes y…

–Y yo he visto delfines –interrumpe Linda con entusiasmo–. ¿Qué habéis hecho vosotros?

–Hemos ido a Tulúm. A Carmen le han gustado mucho las ruinas mayas, ¿verdad?

–¡Oh, sí! –dice y piensa en Juan con la mujer joven en el bar–. Las ruinas son inolvidables.

–¿Y tú, Juan?

–Mmh… golf. He jugado al golf. Nada especial –contesta Juan y cambia de tema–. ¿Qué tal si nos vemos en una hora en el casino?

–Buena idea.

–Sí, muy bien, hasta luego.

Juan y doña Carmen están delante de la ruleta. La sala está llena de gente.

–Juan –dice ella en voz baja–, tú no has jugado al golf. No me has dicho la verdad. Klaus y yo te hemos visto en un bar con otra mujer.

–Perdón, Carmen. Luego te explico por qué. Lo siento mucho. Aquí no podemos hablar. Vamos a jugar ahora, ¿quieres? ¿A qué número apostamos? “Tengo que tener paciencia ahora” –piensa ella un poco triste.

---

3 **arrecife** Riff | 4 **visor** Tauchermaske | 5 **amablemente** höflich | 6 **tener ganas** Lust haben | 7 **peces multicolores** bunte Fische | 8 **tortugas** Schildkröten | 9 **interrumpe** unterbricht | 14 **inolvidables** unvergesslich | 17 **cambia** wechselt | 22 **baja** leise

–Al 32, rojo.

–Es tu número preferido, ¿verdad?

Doña Carmen observa a Juan. Está nervioso y mira continuamente su reloj. Poco después…

–Espérame aquí, vuelvo enseguida.

–¿Adónde vas?

–Tengo que solucionar un problema, Carmen. Luego hablamos, por favor –contesta Juan y sale rápidamente del casino. "¿Qué pasa con Juan? Está nervioso y tiene muchos misterios. ¿Por qué no ha dicho la verdad? ¿Quién es la mujer joven del bar? ¿Qué problemas tiene ahora?" –se pregunta.

–¡Hagan sus apuestas! –dice el crupier y mira a doña Carmen que tiene muchas fichas en la mesa. "Me da igual. Voy a apostar todo, pero esta vez al 36" –piensa frustrada.

–¡No va más! –dice el crupier.

Todos ven cómo gira la ruleta cada vez más lentamente hasta detenerse en el número… 36.

–¡Oooh! –exclaman todos y la miran.

–El crupier le da muchas, muchas fichas.

"Es increíble "–piensa–" he ganado muchísimo dinero y sin embargo estoy triste. Juan no regresa y yo por primera vez después de muchos años me siento sola, muy sola. ¿Para qué el dinero?" Lágrimas brillan en sus ojos detrás de las gafas. Doña Carmen no espera más. Ya es más de medianoche y Juan no ha vuelto todavía. Quiere ir a su camarote. Unos metros detrás de ella se mueve una sombra silenciosamente. Está cada vez más cerca.

Todo pasa muy rápido. Doña Carmen recibe un golpe y pierde el conocimiento.

---

27 **golpe** Schlag | 27 **pierde el conocimiento** verliert das Bewusstsein

Capítulo 9

–A ver, tranquila, señorita. ¿Puede repetir lo que me ha dicho?

La joven deja de llorar y mira nerviosa al inspector.

–Pues, el señor Juan Delgado y yo hemos quedado a las once de la noche cerca de la alberca.

–¿Una cita? ¿Usted y el señor Delgado Cardona? ¿A las 23 horas?

La chica no dice nada…

–Señorita, usted ha encontrado en la alberca al señor Delgado Cardona, muerto. Tiene que decir todo lo que sabe.

–Sí, claro. Yo trabajo en la lavandería del barco. Juan y yo somos novios, pero… el personal no puede tener contacto privado con los pasajeros… por eso la cita en la noche.

–¡Ajá!

–Bueno, yo llego a las 23 horas y Juan no está, mejor dicho… –la chica empieza a llorar nuevamente. El inspector de Policía espera unos minutos. Cuando la chica está más tranquila pregunta:

–¿Y?

–Y entonces veo a Juan en el agua… buhuhhh –la chica no puede continuar– y… y… y a ese hombre cerca de la alberca… y he comenzado a gritar.

–¿De dónde conoce usted al señor Delgado Cardona?

–De otros cruceros. Él ha prometido casarse conmigo, pero en este viaje lo he visto varias veces con otra mujer. Por eso… –la chica llora y llora– le he pedido mi dinero.

–¿Dinero? ¿Qué quiere decir? –pregunta el inspector.

–Juan juega… siempre ha jugado mucho a la ruleta…

---

3 **deja de llorar** hört auf zu weinen | 5 **alberca** *in Mexiko:* Schwimmbad | 10 **muerto** tot | 11 **lavandería** Wäscherei | 11 **somos novios** wir sind verlobt | 15 **mejor dicho** besser gesagt

–Ahora entiendo. Usted le ha prestado dinero varias veces y él ha prometido casarse –continúa el inspector–. Usted ha visto al señor alemán cerca, pero él no es el asesino. El médico ha calculado aproximadamente la hora de la muerte del señor Delgado Cardona. A esa hora el señor Sonnenschein ha estado en la biblioteca con dos personas y ha hablado de su excursión a las ruinas. Es una coartada segura. ¿No ha visto a nadie más?

–¡No, no! –la chica llora otra vez.

–Puede irse, señorita, gracias –termina el inspector.

Al mismo tiempo en la enfermería:

–¿Dónde estoy? –pregunta doña Carmen–. ¡Ay, mi cabeza!

–Usted ha recibido un golpe fuerte y ha perdido el conocimiento. Una pareja la ha encontrado a unos metros del casino –contesta el médico del barco.

–¡Ah! Ya recuerdo: pasos detrás de mí… ¡Mi bolso, mi dinero! ¿Dónde está mi bolso de mano?

–Aquí, señora –dice el médico.

–Falta todo el dinero ganado en la ruleta –continúa doña Carmen después de abrir el monedero–. ¡Ay, mi cabeza!

–Tranquila, señora. La Policía está a bordo.

–¿La Policía? ¿Por mí?

–Sí y no, señora… es que…

–¿Qué ha pasado?

–Una empleada de la lavandería ha encontrado al señor Juan Delgado Cardona en la alberca… muerto. La Policía ya ha detenido a un señor alemán. Creo que es el único sospechoso hasta ahora.

---

1 prestado geliehen | **3 asesino** Mörder | **4 hora de la muerte** Todeszeit | **7 coartada** Alibi | **15 pasos** Schritte | **25 detenido** festgenommen | **26 sospechoso** Verdächtiger

–¡Juan! ¡Klaus! ¡Oh, no! ¡Imposible!

–Calma, señora, calma.

¡Toc, toc! –La puerta de la enfermería se abre y entra un señor bajito.

–Buenos días, señora. Soy el inspector Anastasio Gómez. Veo que usted ya está mejor. Quisiera hacerle unas preguntas… Si el doctor Peralta lo permite… –mira al médico.

–Sí, vale –contesta doña Carmen–. Ya estoy mejor, solo me duele mucho la cabeza.

–Su nombre completo, por favor– pregunta el inspector.

–Carmen Segura Rincón.

–¿Puede contarme todo lo que sabe? Necesitamos su ayuda, señora.

–Mmh… Sí, puedo decirle todo lo que recuerdo, pero no es mucho: A las 22 y 30 aproximadamente el señor Delgado sale del casino. Me dice que tiene que solucionar un problema, pero que regresa pronto. Yo juego otra vez y apuesto a un número todo mi dinero y gano.

–¿Cuánto dinero ha ganado?

–13 555 dólares y unos centavos –sonríe doña Carmen.

–Uy, uy, señora. ¿Qué hace usted entonces?

–Espero todavía media hora, pero el señor Delgado no vuelve. Como estoy muy cansada y quiero ir a mi camarote …

–¿Entonces…?

–Pues, cambio las fichas por dinero, pongo todo en mi bolso de mano y salgo del casino.

–Es peligroso llevar tanto dinero en el bolso, señora. ¿No nota usted si alguien la sigue?

---

14 **todo lo que recuerdo** alles, woran ich mich noch erinnere | 28 **sigue** verfolgt

–No. Lo último que recuerdo es un gran dolor en la cabeza y nada más –dice doña Carmen y piensa: “Hay algo más todavía... algo que en este momento no puedo recordar claramente, ¿pero qué?”

–La Policía supone que hay una relación entre el asesinato del señor Delgado Cardona y el asalto.

–¿Hay algún sospechoso?

–No, ya no.

6 **asalto** Überfall

Capítulo 10

Cuando doña Carmen llega a la cubierta no hay nadie cerca. A esta hora de la noche la mayor parte de la gente ya está en su camarote o en los diferentes bares del barco.

Camina sin hacer ruido.

"Ahora voy a saber la verdad" –piensa.

–¡Oiga! –dice y da un paso hacia adelante.

De detrás de uno de los botes sale una sombra. No se ve la cara, solo el humo de un puro.

–¡Usted es quien me ha golpeado y robado mi dinero –dice con voz firme– y creo que además ha matado a Juan! ¿Por qué?

–¡Qué señora tan inteligente! Usted es la única que sospecha –ríe la sombra y también da un paso hacia doña Carmen–. ¿Cómo sabe que he sido yo? Usted no ha podido verme.

–Sí, es verdad, pero el puro…

–¿El puro? –repite el hombre y agarra a doña Carmen por los hombros.

–Sí, lo último que recuerdo antes de perder el conocimiento es el fuerte olor del puro. Pero, ¿dónde está mi dinero? ¿Y Juan? ¿Por qué lo ha asesinado?

–¡Lo siento, señora! Juan, el juego y sus deudas… –el hombre sujeta a doña Carmen con fuerza. Le hace daño.

–¿Lo ha matado por deudas de dinero?

–¡No, no! Yo le he prestado a Juan 10.000 dólares. Hemos discutido, Juan se ha caído y golpeado la cabeza … ¡Mala suerte! Ha sido un accidente, nada más –continúa el hombre y empuja a doña Carmen hacia la borda–. Pero nadie va a creer la historia si yo cuento lo que ha pasado.

---

20 **asesinado** getötet | 21 **deudas** Schulden | 22 **le hace daño** tut ihr weh | 25 **caído** gestürzt | 25 **golpeado la cabeza** Kopf angeschlagen | 25 **mala suerte** Pech | 26 **empuja** schubst | 27 **borda** Reling

Doña Carmen no puede más, la cabeza le duele y el hombre es más fuerte que ella. Ya están a unos centímetros de la borda.

–Lo siento, usted sabe demasiado…

"¡Dios mío! Necesito ayuda", piensa y grita:

–¡Auxilio! ¡Socorro!

En ese momento ve a Klaus que se acerca. Los dos hombres luchan. Por la puerta llega más gente: dos camareros y otro pasajero.

Poco después Klaus tiene a doña Carmen en sus brazos. Ella no quiere llorar pero ahora necesita un buen amigo.

–Por suerte que has llegado en este momento. ¿Cómo me has encontrado, Klaus?

–Es que muchas veces no puedo dormir y por la noche voy a la biblioteca a buscar libros o doy una vuelta por el barco. He salido y te he visto. Pero, ven, Carmen. La pesadilla ha terminado.

---

5 **¡Auxilio! ¡Socorro!** Hilfe, Hilfe! | 7 **luchan** kämpfen

Capítulo 11

"Último aviso: Pasajeros con destino a Madrid, vuelo 2442, diríjanse a la puerta número 18 con la tarjeta de embarque y el pasaporte en la mano".

–Adiós, Klaus, y gracias, gracias por todo, por salvarme la vida y por tu amistad –los ojos de doña Carmen están llenos de lágrimas.

–Pero, pero –protesta Klaus–, ¿vas a visitarme en Múnich el próximo verano?

–Sí, te lo prometo –dice doña Carmen y abraza a Klaus–. Ahora tengo mucho dinero para viajar.

–Hasta pronto, Carmen, y buen viaje.

3 **tarjeta de embarque** Bordkarte | 5 **salvarme la vida** mein Leben retten | 6 **amistad** Freundschaft | 10 **prometo** verspreche

Actividades

Capítulo 1

1 Señalar la opción correcta:

a) Carlos es…
- el padre de doña Carmen. ☐
- el nieto de doña Carmen. ☐
- el hijo de doña Carmen. ☐

b) Un crucero es un viaje…
- en avión. ☐
- en barco. ☐
- en helicóptero. ☐

c) Javier y Jimena son…
- los sobrinos de Pilar y Carlos. ☐
- los nietos de Pilar y Carlos. ☐
- los hijos de Pilar y Carlos. ☐

d) El sobre contiene…
- unas fotos. ☐
- un billete para un crucero. ☐
- una carta. ☐

2 Colocar las preposiciones adecuadas: a, con, de, en, entre, para

1) La familia de doña Carmen entra .... la casa.

2) Carlos le da un ramo .... rosas.

3) Fifí, la perrita, ladra contenta cuando ve .... los niños.

4) La familia de doña Carmen tiene un regalo ....

cumpleaños .... ella.

5) El sobre está .... las flores.

6) Doña Carmen da un grito .... asombro cuando ve el regalo.

7) Ella siempre ha soñado .... un viaje .... barco.

8) Doña Carmen tiene lágrimas .... los ojos.

Capítulo 2

3 Completar las descripciones con los verbos "ser", "estar", "hacer" en la forma correcta:

a) Quince personas .... gimnasia en la cubierta.

b) Joe Louis .... sentado enfrente de doña Carmen.

c) Klaus ya .... muchas veces en Madrid.

d) Él .... arqueólogo.

e) El señor y la señora Smith .... un crucero todos los años.

f) Doña Carmen .... española.

4 Contestar a las siguientes preguntas:

a) ¿Cómo se llama una “habitación” en un barco?
la cubierta ☐
el camarote ☐
el crucero ☐

b) ¿Qué significa “tutear”?
hablar de “usted” ☐
hablar de “tú” ☐

c) ¿Quién viaja por primera vez a México?
Linda ☐
doña Carmen ☐
Klaus ☐

d) ¿Cuándo desayuna la gente normalmente?
por la mañana ☐
a mediodía ☐
por la noche ☐

5 Ordenar por temas:

voleibol, footing, esquí acuático, deporte, golf, gimnasia, vela, ruleta, buceo, esnórquel

Capítulo 3

6 ¿Las siguientes informaciones son correctas o falsas?

	Sí.	No.
a) Juan se ha quedado dormido.		
b) Doña Carmen está sentada en una tumbona.		
c) Juan es de Madrid.		
d) Doña Carmen no está nerviosa.		
e) Doña Carmen y Juan nadan juntos.		
f) En cubierta hay mucha gente.		

7 Unir los contrarios:

dormirse	levantarse
volver	despertarse
sentarse	irse

Capítulo 4

8 Formar frases con los siguientes elementos:

compra | un vestido elegante | Klaus
detrás de una columna. | en una tienda. | en el ascensor
con una mujer joven. | La vendedora | sube
con una sonrisa. | está | Juan
Doña Carmen | saluda | a doña Carmen

....

....

....

....

....

....

....

....

Capítulo 5

9 ¿Qué bebidas y comidas son típicas mexicanas?

a) whisky	☐	1) guacamole	☐
b) tequila	☐	2) calamares	☐
c) ron	☐	3) frijoles refritos	☐
d) sangría	☐	4) paella	☐
e) cóctel margarita	☐	5) gazpacho	☐
f) piña colada	☐	6) chipirones	☐
g) mojito	☐	7) tacos	☐

10 Buscar las dos expresiones que no son correctas:

Jugar	al voleibol	☐
	al piano	☐
	a la ruleta	☐
	al golf	☐
	al tenis	☐
	a la guitarra	☐

Capítulo 6

11 Completar con la palabra correcta:

a) Para jugar a la ruleta necesitas tener ....

b) Hay dos colores: .... y ....

c) Tienes que comprar ....

d) Si juegas a la ruleta puedes .... o perder.

e) Juan y doña Carmen se .... a la luz de la ....

Capítulo 7

12 Contestar a las siguientes preguntas:

a) ¿Qué deportes se pueden hacer en la costa?

....

b) ¿Por qué tienen que darse prisa doña Carmen y Klaus para ir a las ruinas?

....

c) ¿Dónde está Tulúm?

....

d) ¿Por qué sabe Klaus tanto de los Mayas?

....

e) ¿Están las ruinas de Tulúm cerca o lejos de la costa?

....

Capítulo 8

13 Poner el participio perfecto correcto y buscar ejemplos en el capítulo:

	participio perfecto	ejemplos
a) ver		
b) decir		
c) volver		
d) hacer		
e) ir		

Capítulo 9

14 Completar las frases siguientes:

a) La mujer joven de la lavandería tiene una cita en la noche porque ....

b) Ella le ha prestado dinero a Juan porque ....

c) Durante este viaje ella ha visto a Juan ....

d) Klaus no puede dormir y ....

e) Doña Carmen está en la enfermería porque ....

f) Doña Carmen ha jugado a la ruleta y ....

g) A las 22 y 30 Juan sale del casino y dice que ....

15 Buscar la palabra correspondiente:

a) Quitar la vida a una persona es ....

b) El que quita la vida a otra persona es un ....

c) Lo contrario de la vida es la ....

d) El que no está vivo está ....

e) El que es inocente tiene una buena ....

Capítulo 10

16 Ordenar cronológicamente las acciones del capítulo:

a) El señor del puro sale de detrás de uno de los botes.
b) Klaus salva a doña Carmen.
c) El señor sujeta a doña Carmen con fuerza.
d) Doña Carmen pide ayuda.
e) Doña Carmen va a la cubierta.
f) El señor empuja a doña Carmen hacia la borda.

☐	☐	☐	☐	☐	☐
1	2	3	4	5	6

Capítulo 11

17 ¿Qué resumen del capítulo es correcto?

a) Doña Carmen promete a Klaus visitarlo en Múnich el próximo verano.
b) Doña Carmen tiene el pasaporte en la mano porque vuela con Klaus a Múnich.

Soluciones

1 a) el hijo de doña Carmen.
b) en barco.
c) los hijos de Pilar y Carlos.
d) un billete para un crucero.

2 1) en; 2) de; 3) a; 4) de, para; 5) entre; 6) de; 7) con, en; 8) en

3 a) hacen; b) está; c) ha estado; d) es; e) hacen; f) es

4 a) el camarote; b) hablar de "tú"; c) doña Carmen;
d) por la mañana

5 hacer: *footing*, esquí acuático, deporte, gimnasia, vela, buceo, esnórquel
jugar: al voleibol, al golf, a la ruleta

6 sí: b, d, e, f; no: a, c, d

7 dormirse – despertarse; volver – irse; sentarse – levantarse

8 Doña Carmen compra un vestido elegante en una tienda.
La vendedora saluda a doña Carmen con una sonrisa.
Klaus está detrás de una columna.
Juan sube en el ascensor con una mujer joven.

9 bebidas: b, e, f; comidas: 1, 3, 7

10 al piano, a la guitarra

11 a) fichas *oder* suerte; b) rojo, negro; c) fichas; d) ganar;
e) besan, luna

12 a) esnórquel, buceo o submarinismo, nadar, natación, vela, esquí acuático
b) para llegar antes que otros turistas
c) en la península de Yucatán
d) porque es arqueólogo y ha estado ya varias veces en México
e) cerca de la costa

13 a) visto: ¿Qué habéis visto?
Y yo he visto delfines.
Klaus y yo te hemos visto en un bar.
b) dicho: No has dicho la verdad.
¿Por qué no ha dicho la verdad?
c) vuelto: Juan no ha vuelto todavía.
d) hecho: ¿Qué habéis hecho vosotros?
e) ido: Hemos ido a Tulúm.

14 a) quiere hablar con Juan Delgado Cardona.
b) lo necesita para jugar a la ruleta.
c) con otra mujer.
d) por eso va a la biblioteca del barco.
e) ha recibido un golpe y ha perdido el conocimiento.
f) ha ganado mucho dinero.
g) tiene que solucionar un problema, pero que regresa pronto.

15 a) matar; b) asesino; c) muerte; d) muerto; e) coartada

16 e – a – c – f – d – b

17 Resumen correcto: a